COMITÉ DES HOUILLÈRES FRANÇAISES

OBSERVATIONS

PRÉSENTÉES

SUR L'ORGANISATION ET LES TARIFS

DE

LA NAVIGATION INTÉRIEURE.

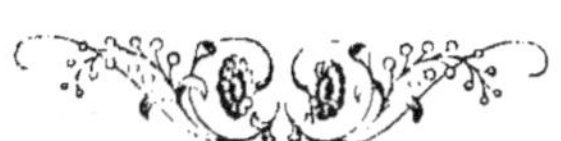

PARIS

IMPRIMERIE DE GUSTAVE GRATIOT

30, RUE MAZARINE

1853

OBSERVATIONS

PRÉSENTÉES

PAR LE COMITÉ DES HOUILLÈRES FRANÇAISES

SUR L'ORGANISATION ET LES TARIFS

DE LA NAVIGATION INTÉRIEURE

Les exploitants des houillères attendent avec impatience que le gouvernement organise d'une manière définitive l'administration des canaux dont il est aujourd'hui le seul propriétaire.

Deux projets sont en présence, l'affermage ou le maintien des canaux entre les mains de l'État.

Nous redoutons l'affermage, parce qu'il conduit inévitablement au renchérissement des transports par les voies navigables, soit même des transports par les chemins de fer auxquels ces voies cesseraient de faire concurrence. Nous désirons le maintien sous l'administration de l'État, parce que les canaux resteront dans ce cas les modérateurs des tarifs des chemins de fer, et que leur exploitation ne pourra avoir d'autre but que l'utilité publique.

Si l'affermage a lieu, quelles que soient les précautions

prises, les compagnies fermières s'associeront par des conventions clandestines avec chaque ligne concurrente de chemin de fer; ce sera en réalité la compagnie des chemins de fer du Centre qui exploitera les canaux du Centre, de la Loire et du Berry; ce seront les compagnies des chemins de fer de Lyon et de Mulhouse qui exploiteront les canaux de Bourgogne et du Rhône au Rhin. Alors on verra se produire sur les canaux les abus des tarifs différentiels qui excitent déjà tant de réclamations sur les chemins de fer, et les compagnies de chemins de fer abandonneront successivement les tarifs réduits auxquels les amène la concurrence de la navigation.

Les partisans de l'affermage des canaux s'appuient principalement sur deux arguments : la nécessité de compléter les travaux de canalisation et la supériorité de l'exploitation par les compagnies sur celle de l'État.

Au premier de ces arguments nous répondrons ce que nous avons démontré par des chiffres : Les produits des canaux et l'augmentation de ces produits par l'action d'une direction intelligente, suffiront au delà pour fournir les sommes nécessaires à leur achèvement. Ce que les compagnies proposent de faire, l'État est beaucoup plus apte à le réaliser.

Nos voies de navigation intérieure comprennent en effet non-seulement les canaux, mais certaines parties de nos fleuves et rivières dans lesquelles débouchent les canaux et dont les conditions de navigation sont généralement inférieures. Or c'est l'État seulement qui peut entreprendre et exécuter ces améliorations dans nos rivières.

Sur la question d'exploitation, nous répondrons que

l'activité de l'intérêt privé est en effet supérieure à celle des fonctionnaires publics, lorsqu'il s'agit de détails commerciaux, mais qu'il n'y a rien de semblable ici. Les canaux sont de véritables routes sur lesquelles chacun circule avec son matériel. La batellerie actuelle transporte à meilleur marché que ne pourrait le faire la batellerie monopolisée des compagnies, et l'État, pour arriver au progrès, n'a qu'à laisser faire l'intérêt des batelleries privées et leur concurrence.

Nous demandons en conséquence que le gouvernement crée une direction spéciale de canaux, analogue à celles qui fonctionnent déjà dans plusieurs services, ceux des tabacs et des postes par exemple.

Le direction de l'État sera nécessairement impartiale; elle s'exercera dans l'intérêt de tous : celle des compagnies transformera les canaux en un instrument d'exactions commerciales, et les plus grands intérêts du pays seront sacrifiés au profit de la spéculation.

Pour ce qui nous concerne, nous sommes convaincus que le bon marché de la houille dépend du bon marché des transports, et que l'affermage des canaux serait, sous ce rapport, un pas rétrograde qui amoindrirait nos établissements.

Si tant de chambres de commerce et de conseils généraux demandaient précédemment avec nous le rachat des actions de jouissance, c'était pour obtenir par la suite l'amélioration des conditions de nos transports par eau, améliorations que la régie seule de l'État peut réaliser. C'était aussi pour rendre la liberté d'entreprise et de construction à toute la batellerie dont la menace du fermage, habilement exploitée par les intérêts opposés, paralyse les efforts et le crédit.

Nous espérons que le gouvernement, délivré des entraves que les actions de jouissance ont apportées jusqu'ici dans l'administration des canaux, prendra lui-même la direction de nos voies navigables et inaugurera l'ère si désirée de leur régie dans l'intérêt public.

L'intérêt public n'est pas de convertir les canaux en un instrument de perceptions, c'est d'organiser les tarifs de manière à arriver sur chaque ligne au maximum de tonnage possible; c'est de contre-balancer l'influence désastreuse des compagnies de chemins de fer, qui, par des tarifs différentiels, par des marchés de faveur et par l'instabilité de leurs conditions, portent le désordre dans l'industrie des transports.

Quant aux tarifs, l'administration a été amenée à faire sur le canal de Strasbourg à Huningue l'expérience de la lutte avec un chemin de fer; il a reconnu que pour la houille, les minerais, les engrais, les pierres de construction, etc., le tarif de cinq centimes par tonne et par myriamètre était le seul qui pût maintenir la navigation.

Ce tarif de 5 centimes se trouve aujourd'hui établi sur la partie du canal du Rhône au Rhin qui est la plus facilement navigable, tandis que celle de Saint-Symphorien à Mulhouse, sur laquelle les frais de navigation sont bien plus élevés, on continue de payer dix centimes. Il y a plus, le tarif réduit profite principalement aux marchandises de la Prusse et de la Bavière qui sont dirigées sur Mulhouse, tandis que les marchandises similaires dirigées du centre de la France sur le même marché sont condamnées à payer double droit.

Cet exemple montre à la fois l'opportunité du tarif de cinq centimes par myriamètre pour les matières premières, et l'équité de l'extension de ce tarif à tous les canaux du gouvernement. S'il n'en était ainsi, les contrées qui possèdent des chemins de fer, construits en grande partie aux frais de celles qui n'en possèdent pas, seraient aussi les seules qui pussent obtenir des tarifs réduits sur les canaux.

Les exploitants des houillères, qui fournissent à eux seuls le quart des transports effectués par les canaux, peuvent espérer que leurs vœux tant de fois exprimés pour la régie par l'État et pour l'abaissement des tarifs seront pris en considération. Cependant ils ne sont pas isolés, et, dans cette circonstance comme lorsqu'il s'agissait du rachat des actions de jouissance, leurs vœux sont appuyés par ceux de l'industrie métallurgique, de la batellerie, et de tous les intérêts desservis par les voies navigables.

Le Comité des Houillères françaises croit donc utile de présenter à l'appui de ses propres réclamations une partie de celles qui ont été faites par les autres industries, ne doutant pas que l'administration ne soit d'autant plus disposée à les accueillir qu'elles apparaissent ainsi plus complétement dégagées des intérêts particuliers et plus intimement liées au développement général du commerce et de l'industrie.

EXTRAIT D'UNE LETTRE

ADRESSÉE A M. LE MINISTRE DES TRAVAUX PUBLICS

Par MM. les Syndics de la Batellerie.

Par la lettre que vous nous avez fait l'honneur de nous adresser le 26 février dernier, vous exprimez le désir que le Syndicat de la batellerie vous fasse connaître son opinion sur l'état de navigabilité des canaux du centre et de l'est de la France, et sur les obstacles qui peuvent s'opposer au développement de la navigation sur ces canaux.

Vous voulez bien nous demander aussi quels sont les travaux d'amélioration réellement urgents, et dont l'exécution pourrait exercer une influence directe et immédiate sur le mouvement commercial de ces voies navigables.

Nous nous empressons, monsieur le Ministre, de répondre à ces questions, dont la solution intéresse au plus haut point l'existence de l'industrie des transports par eau.

Nous allons d'abord avoir l'honneur de vous exposer diverses observations sur l'état de navigabilité de chacun des canaux du Centre, latéral à la Loire, de Bourgogne et du Rhône au Rhin, et vous dire quels sont les travaux que l'expérience que nous avons de ces voies nous fait considérer comme présentant un intérêt réel.

CANAL DU CENTRE.

L'alimentation de ce canal est convenable et satisfaisante. Les chômages y sont en général peu prolongés, et quelques travaux d'étanchement pour prévenir leur trop longue durée, dans les années de sécheresse exceptionnelle, suffiraient. Mais la tenue du canal, qui ne comporte qu'un enfoncement de 1 mètre 10 centimètres, est insuffisante; d'un autre côté il serait indispensable d'allonger les écluses, de manière à leur donner 31 mètres 50 centimètres, ce qui permettrait de naviguer avec des bateaux de 30 mètres, comme sur le canal de Bourgogne, tandis que sur celui du Centre ils ne peuvent avoir que 27 mètres 60 centimètres de longueur.

Il en résulterait qu'au lieu de 115 tonnes, maximum des chargements possibles dans l'état actuel, ils pourraient porter en moyenne 150 tonnes; et cette différence réduirait les frais de traction de plus d'un dixième.

D'un autre côté, dans le cas où la navigation de l'Yonne serait ou trop difficile ou trop longtemps arrêtée en raison du manque d'eau sur cette rivière, et c'est un obstacle capital que l'expérience nous permet de signaler comme se représentant fréquemment; — les transports qui s'effectuent par le canal de Bourgogne pourraient prendre la voie des canaux du Centre, et latéral à la Loire.

Ce serait une ressource des plus importantes en cas de prolongation du chômage sur la ligne de la Bourgogne.

Les compagnies de Briare et du Loing se sont déjà mises en mesure d'exécuter ces mêmes travaux d'allongement d'écluses sur leur parcours; ils sont en voie d'exécution. Le canal du

Centre, complément de la ligne de Paris à Lyon, par le Centre, constituerait à lui seul un grave obstacle, si l'administration ne se hâtait aussi de rectifier ce que l'état actuel des choses présente de défectueux.

CANAL LATÉRAL A LA LOIRE.

Ce canal est dans les meilleures conditions de navigabilité. — Ses écluses ont 31 mètres de longueur, et sa tenue de 1 mètre 20 centimètres est suffisante.

Si les bateaux qui naviguent sur ce canal ne portent que 100 à 110 tonnes, cela tient à ce que les écluses des canaux du Loing et du Centre n'ont pas encore la même longueur.

D'un autre côté, pour les houilles qui forment un des aliments les plus importants du canal latéral, la circulation des bateaux affectés à ces transports eût pu être beaucoup plus considérable, sans le provisoire dans lequel on est resté depuis trois ans pour les tarifs. La crainte d'un relèvement des droits a empêché la batellerie de s'organiser, de réformer et de renouveler son matériel dans de meilleures conditions.

La traversée de la Loire à Châtillon, à la sortie du canal latéral et pour entrer dans le canal de Briare, présente encore quelques difficultés ; mais ces difficultés se résument aujourd'hui en une dépense d'environ 6 à 8 francs par bateau, ou de 6 à 8 centimes par tonne.

Des travaux pour améliorer ce passage présentent peu d'intérêt ; l'économie qui en résulterait étant insignifiante, en raison des dépenses qu'ils occasionneraient. Il serait d'ailleurs utile et possible d'exécuter à peu de frais des travaux en Loire, afin d'obtenir un enfoncement qui permettrait de ne jamais alléger.

CANAL DE BOURGOGNE.

Ce canal est dans d'excellentes conditions de navigabilité. La tenue de 1 mètre 30 centimètres, qui permet aux bateaux d'y naviguer chargés de 150 tonnes en moyenne, est suffisante.

Il importerait seulement que les chômages sur ce canal pussent être limités du 1er août au 15 ou 20 septembre au plus; c'est l'époque à laquelle l'Yonne, dont l'état laisse fort à désirer, présente les obstacles les plus insurmontables, en raison de la baisse considérable de ses eaux.

Le chômage sur le canal de Bourgogne n'a pas duré plus de deux mois l'année dernière; le canal était rouvert le 1er octobre. Nous demandons qu'il puisse l'être le 20 septembre, au plus tard; c'est une différence de 10 jours que quelques travaux d'étanchement feraient disparaître.

CANAL DU RHONE AU RHIN.

Ce canal ne comporte qu'un enfoncement de 1 mètre 20 centimètres; il est à désirer que sa tenue soit, comme celle du canal de Bourgogne, de 1 mètre 30 centimètres; résultat qu'on pourrait obtenir facilement, nous le pensons, en relevant les barrages.

Dans l'état actuel, les bateaux qui sortent du canal de Bourgogne pour entrer dans le canal du Rhône au Rhin sont souvent forcés d'alléger. C'est un inconvénient grave qui, pour les bateaux allant de Lyon à Mulhouse, occasionne des frais dont il y a intérêt à dégréver les entrepreneurs de transports.

En relevant les barrages on atténuerait, en outre, la force

du courant sur plusieurs points; ce serait, pour la remonte, une amélioration très-désirable.

Telles sont, monsieur le Ministre, les améliorations que la connaissance pratique que nous avons plus particulièrement de ces voies, nous a démontrées être réellement importantes. Et nous pensons avoir répondu ainsi aux questions que vous nous avez fait l'honneur de nous adresser, en ce qui concerne l'état de navigabilité des canaux, et les travaux d'amélioration réellement urgents, dont l'exécution pourrait exercer une influence directe et immédiate sur le mouvement des canaux dont nous venons de vous entretenir.

Mais nous devons le dire, monsieur le Ministre, ainsi que le Syndicat de marine l'a déjà exposé dans différentes circonstances (d'accord en cela avec les chambres de commerce et les représentants des grandes industries du Centre et de l'Est que ces questions intéressent le plus), les travaux que nous venons d'indiquer, en améliorant dans une certaine mesure les conditions de la navigation des canaux de Bourgogne, du Rhône au Rhin, etc., n'exerceraient qu'une faible influence sur la ciculation et la fréquentation de ces voies.

Sans doute il importe, en présence de la concurrence des chemins de fer, que les transports par les voies navigables puissent s'effectuer avec plus de régularité et que les interruptions soient de moins longue durée; mais sous ce seul rapport, le mal est moins sur les canaux eux-mêmes que sur les rivières dans lesquelles ces canaux débouchent.

Sur le canal de Bourgogne, par exemple, des travaux qui tendraient à améliorer les conditions de sa navigabilité ne produiraient que des résultats insuffisants, tandis que des tra-

vaux en Yonne qui corrigeraient le régime défectueux et irré-
gulier de cette rivière, présenteraient un très-grand intérêt, en
réduisant des chômages beaucoup trop longs qui diminuent
d'une manière regrettable le temps possible de la circulation
sur le canal de Bourgogne; en dégrévant la batellerie de tous
les frais que lui occasionne la nécessité de transborder et d'alléger pendant les deux tiers de l'année; enfin, en lui évitant les
difficultés considérables que l'Yonne présente à la remonte.

Nous ne saurions trop insister sur ce point, monsieur le Ministre; c'est là, surtout, que gît l'obstacle à l'exploitation facile
et économique des canaux de Bourgogne et du Rhône au Rhin.

Cela est si vrai, que lorsque la question d'affermage a été
agitée dans ces projets que nous avons combattus de toutes nos
forces, parce que, selon nous, leur adoption eût été désastreuse
pour notre industrie, comme pour toutes celles qui auraient à
souffrir d'une mauvaise exploitation de ces voies au point de
vue de l'intérêt public; dans les premiers projets d'affermage,
disons-nous, la compagnie qui se présentait mettait à la
charge de l'État trente ou quarante millions de travaux à exécuter sur les différentes rivières où aboutissent les canaux qu'il
s'agissait d'affermer.

La loi du 31 mai 1846, dans laquelle, entre autres rivières,
l'Yonne se trouve comprise pour une somme de 6,500,000 fr.,
témoigne aussi que le dernier gouvernement et l'ancienne
chambre des députés comprenaient toute l'importance des
améliorations à effectuer sur cette rivière.

Malheureusement, depuis 1846, sur cette somme de 6 millions 500,000 francs, 12 ou 15 cent mille francs au plus ont
été dépensés, et si l'ancien état des choses a été certainement
amélioré par les travaux effectués, nous sommes encore loin

des résultats qu'on doit attendre des travaux projetés, et pour lesquels a été voté le crédit de 6 millons et demi.

Ces résultats se traduiront certainement par une amélioration réelle des conditions des transports sur les canaux de Bourgogne et du Rhône au Rhin ; ils seront un élément bien autrement important pour la prospérité de notre industrie que les travaux qu'on pourrait exécuter sur ces canaux, en dehors des perfectionnements peu considérables que nous vous avons indiqués ci-dessus.

Mais il est aussi, monsieur le Ministre, une mesure générale et d'intérêt public qui contribuerait plus puissamment que toute autre à assurer au commerce et à l'industrie le bienfait de la concurrence des transports par eau, et à accroître dans des proportions notables la circulation sur les canaux. Nous voulons parler de la réduction des droits de navigation.

En présence surtout de la concurrence actuelle des chemins de fer, l'élévation des péages sur nos canaux constitue, sans contredit, l'obstacle le plus considérable qui puisse s'opposer au développement des transports, et nous n'hésitons pas à déclarer que leur abaissement aurait sur le mouvement commercial de ces voies navigables une influence bien autrement grande que des travaux qui n'auraient pour but et pour effet que de réduire les frais de traction sur les canaux dans des proportions tout à fait insignifiantes. . . . .

. . . .

Sur la ligne de Paris à Lyon, par exemple, quelles améliorations apportera-t-on dans les conditions des transports par eau, si l'on se borne à des travaux sur le canal de Bourgogne ? On y dépenserait 10 millions, qu'on n'y réduirait pas sensiblement les frais de traction, car pour un bateau de 120 tonnes, dont les frais de traction s'élèvent à 517 fr. 80 cent., ces frais ne seraient pas diminués de 10 francs.

Mais que l'on dépense sur l'Yonne le complément des 6 millions 500,000 fr. alloués en 1846, c'est-à-dire les 5 millions et plus qu'il reste encore à employer, et les frais de remonte sur cette rivière, qui s'élèvent à plus de 3 centimes 1/4, pourront être réduits considérablement, peut-être de plus de moitié, d'autant plus qu'à la remonte, les difficultés que présente l'Yonne ne permettent pas de charger à plus de 120 tonnes ¹, tandis que la tenue du canal de Bourgogne comporterait des chargements de 150 tonnes.

D'une autre part, qu'on réduise les droits de navigation de moitié sur le canal, et on réalisera, au profit de la marine, une économie dont, en tout état de choses, elle ressentira immédiatement l'effet le plus salutaire, et qui favorisera considérablement le commerce, l'industrie et le mouvement du transit.

. . . .

Le Syndicat de la batellerie est convaincu que la voie navigable soutiendrait convenablement la concurrence, pour les vins et presque toutes les marchandises, sur la ligne de Lyon à Paris, si les droits du canal de Bourgogne étaient réduits de moitié.

Sur la ligne de Paris à Lyon par la Seine, les canaux du Loing, de Briare, latéral à la Loire, du Centre, et par la Saône, formant ensemble un parcours de 646 kilomètres, nous nous trouvons en présence des mêmes obstacles résultant de l'éléva-

¹ Et ces 120 tonnes doivent être réparties sur au moins deux bateaux, à l'époque des meilleures eaux, pour le trajet de Montereau à Laroche.

tion des tarifs. Les frais de traction sur ces canaux varient de 01 c. à 01°25 et 01°50 au plus par tonne et par kilomètre. A part l'allongement des écluses sur le canal du Centre, que nous avons indiqué comme une amélioration d'un intérèt réel, des travaux qui diminueraient ces frais seraient d'une importance bien secondaire, d'un résultat bien insignifiant, auprès des bienfaits que produirait un abaissement de 50 pour 100 sur les tarifs.

Cette réduction serait d'autant plus urgente pour cette ligne, que sur les canaux du Loing et de Briare qui en font partie, les tarifs en vigueur sont encore de 08 cent., et que les compagnies ne consentent à les réduire à 06 ou 07 cent. qu'exceptionnellement et par des traités qui font un tort infini à ceux qui ne sont pas admis à profiter de ces exceptions.

Sur le canal du Rhône au Rhin, les tarifs encore appliqués jusqu'à Mulhouse sont d'une excessive rigueur, et nous ne connaissons pas de mesure qui puisse être plus favorable au développement des transports sur cette voie qu'une réduction des péages.

En résumé, monsieur le Ministre, nous pensons qu'en modifiant les tarifs de telle sorte qu'il n'y eût plus que deux classes de marchandises, la première soumise à un droit de 2 centimes, la seconde à un droit de 1 centime; qu'en réduisant même, et par exception, ce droit à 1 demi centime pour la houille, le gouvernement emploierait le moyen le plus puissant, non-seulement pour maintenir, à côté des chemins de fer, la concurrence des transports sur les canaux du Centre et de l'Est, mais pour leur donner une activité plus grande que jamais.

Nous pensons que les obstacles qui s'opposent au développements du mouvement commercial sur ces voies sont bien moins dans l'état de leur navigabilité, généralement satisfaisant, que, d'une part, dans le mauvais état des rivières, dont la navigation, comme celle de l'Yonne, est si difficile, si irrégulière et si coûteuse, et d'une autre part, et surtout, dans le maintien des droits de navigation à un taux qui suffit à arrêter la circulation, à une époque où le développement de toutes les grandes industries semblerait devoir l'augmenter considérablement.

Telle est, monsieur le Ministre, notre profonde et intime conviction; et nous avons vu d'ailleurs avec une très-vive satisfaction que, des termes de l'exposé des motifs précédant les projets de lois relatifs au rachat des actions de jouissance, il semblait résulter qu'avant de prendre un parti sur la question d'affermage des canaux, le gouvernement, après avoir recouvré sa liberté complète en matière de tarifs, serait disposé à tenter au moins les réformes dont la batellerie ne recueillerait pas seule les fruits.

Nous avons la confiance que là est le salut de notre industrie; et nous sommes heureux de l'espoir qui nous a été donné que le gouvernement *n'engagerait pas imprudemment l'avenir*, avant qu'il ait été possible de déterminer *les modifications de tarifs qui peuvent devenir nécessaires ou utiles par l'effet de la concurrence des voies de fer et des progrès de l'industrie.*

Mars 1853.

GAUDET, président ; — PAUL DE HERCÉ ; — CALLON ; — MEUNIER ; — MULEUR ; — DALLY ; — HOFFET ; — LEFEBVRE ; — DELAGNEAU ; — L. D'ARTOIS, secrétaire.

DE LA CHAMBRE DE COMMERCE DE CHALONS-SUR-SAONE.

(Séance du 12 février 1853).

Gardiens des intérêts commerciaux d'un département dont la prospérité provient en partie de son heureuse situation sur une rivière admirable, et des nombreux canaux qui le sillonnent, nous croirions déserter nos devoirs et manquer à notre mission, monsieur le Ministre, si nous ne venions appeler toute votre attention sur cette grave question et vous soumettre notre opinion et nos craintes.

Démasqués et repoussés par la majeure partie des chambres de commerce, on devait espérer ne plus voir reproduire ces désastreux projets d'affermage général des canaux; mais des financiers dont l'agiotage est l'élément osent se flatter de parvenir à faire trancher cette aliénation à leur profit. De là, les craintes et les alarmes pour la batellerie et tout ce qui s'y rattache, et par suite pour les nombreuses industries dont le prix des transports est une question vitale.

Nous ne voulons pas croire un seul instant que ces projets puissent avoir quelques chances de succès; ce serait douter de la prévoyance du gouvernement. Après l'immense puissance faite aux chemins de fer, puissance qui, si elle n'était contrebalancée par la concurrence des voies d'eau, aboutirait à un monopole impitoyable, ce serait livrer toutes nos industries à une épreuve qui, pour beaucoup d'établissements, serait la dernière. Pour conserver cette concurrence si désirable, il faut de toute nécessité que les canaux restent dans les mains de l'État.

La création des canaux n'implique pas la pensée d'un revenu, pas plus que l'ouverture d'une route nouvelle, mais la satisfaction de besoins et d'intérêts publics d'une haute importance. Cette idée, qui finira par prévaloir, ôte toute pensée d'affermage.

En effet, instruments fiscaux, les canaux seraient, comme nous ne pouvons que trop nous en convaincre, une opération mauvaise; mais les droits, fussent-ils productifs, ne compenseraient pas à beaucoup près le tort qu'ils feraient à la fortune publique, en entravant les transports, et en détournant les canaux du but qu'on a dû se proposer, qui est de les faire servir à une véritable création de richesse, création qui est toujours en raison directe du nombre de tonnes circulant sur ces canaux. Au point de vue de l'intérêt public, on doit juger de l'utilité d'un canal, non d'après le rapport qui existe entre les capitaux qu'il a absorbés et le produit, mais d'après le nombre de tonnes auxquelles il a donné passage. Et si les canaux n'existaient pas, quoi qu'en puissent dire certains économistes, il faudrait les créer, ne fût-ce que pour maintenir les chemins de fer dans de justes limites.

Le but des compagnies concessionnaires des chemins de fer est de s'affranchir de toute concurrence, et par là de constituer à leur profit un monopole qui mettrait la France commerciale à leur merci. Partout nous les voyons chercher, par des tarifs à peine rémunérateurs, à tuer une batellerie qui lutte encore et leur enlève une partie des transports. Aidées par l'énormité des droits de navigation, elles réussiront sans doute, si le gouvernement ne modère pas, nous devrions dire, n'abolit pas complétement ces droits.

La révolution de février 1848 avait tellement froissé tous les intérêts, tellement avili surtout les actions des compagnies de chemins de fer, que le gouvernement s'est vu forcé de faire de grands avantages à ces compagnies pour qu'elles puissent relever leur crédit et mener à bien des entreprises si éminemment nationales. Nous le comprenons; mais le but n'a-t-il pas été dépassé? Ces compagnies ne sont-elles pas devenues envahissantes et impatientes de toute concurrence? N'ont-elles pas consenti à tous les sacrifices pour porter le dernier coup à notre batellerie agonisante? Ainsi nous voyons le chemin de fer de Paris à Châlons transporter à 5 cent. par tonne et par kilomètre des marchandises qui par la voie d'eau ont à supporter, en droits de navigation seulement, 4 cent. 40 mil. par tonne et par kilomètre. A ce chiffre énorme il faut ajouter le fret toujours élevé par suite de l'imperfection des voies navigables, imperfection déplorable sur le parcours de la Roche à Paris. Ces chiffres sont trop éloquents et prouvent mieux que tout ce que nous pourrions dire l'impossibilité de la concurrence dans de telles conditions.

Supposons la concurrence supprimée, la compagnie maintiendra-t-elle le prix de 5 cent.? Non, nous la verrons revenir aussitôt au maximum de ses tarifs. Les actionnaires auront à se partager un beau dividende, mais les intérêts du pays seront sacrifiés.

Quant à la question qui nous préoccupe surtout, celle de l'affermage des canaux, que l'État concède les lignes aux compagnies de chemins de fer rivales, ou qu'il les aliène à une compagnie financière, le résultat sera le même, et nulle puissance, quelque vigilante que nous supposions l'administration, ne pourra s'opposer à une entente sinon publique, du moins occulte, entre les représentants des deux compagnies dont le but sera d'arriver à tirer les plus forts produits possibles de leurs exploitations. De ce jour nous verrons porter les prix de transports à un taux que nous ne voulons pas prévoir.

Nous conclurons donc en repoussant de toute la force de notre conviction toute aliénation des canaux pour un temps plus ou moins long, l'État étant seul apte à les administrer en vue de l'intérêt public bien compris.

Nous considérons l'affermage non-seulement comme la ruine de l'agriculture, de l'industrie et du commerce, mais encore comme une de ces imprudences fatales qui crée à un gouvernement des difficultés inextricables ; difficultés qui se traduiraient dans un avenir peu éloigné en de nouvelles charges pour le budget, forcé que l'on serait de racheter par une expropriation pour cause d'utilité publique un bail trop légèrement consenti.

L'expropriation des actions de jouissance est là pour confirmer notre raisonnement.

En nous résumant, nous demanderons pour cette question, trop longtemps pendante, une solution qui rassure les nombreuses populations dont la batellerie est le gagne pain, et qui, en repoussant à tout jamais tout projet d'affermage, permette la reprise de la construction d'un matériel qui disparaît de jour en jour, par suite de l'incertitude de l'avenir.

Nous exprimons ainsi le vœu de voir, sinon annuler, du moins réduire dans de très-fortes proportions, des tarifs qui compriment les transports, et nous avancerons, sans crainte

d'être contredits par les hommes sérieux familiarisés avec le
mécanisme des impôts de consommation, que ces impôts rece-
vraient une telle impulsion par la suppression des droits de navigation , qu'ils rendraient au centuple les quelques millions
qui pèsent si lourdement sur l'industrie, et dont nous demandons la radiation du budget.

J.-M. BU, président; — BUGNOT GROS, secrétaire.

CHAMBRE CONSULTATIVE D'AGRICULTURE

DE L'ARRONDISSEMENT DE LILLE

(Séance du 29 juin 1853.)

Un des grands éléments de la richesse agricole du nord de la France réside dans la multiplicité et l'économie des voies de communication, et, en particulier, dans le réseau si complet et si admirablement coordonné de nos voies navigables.

Si la création de nos chemins de fer a été pour tous les intérêts matériels et moraux un bienfait immense, il est cependant difficile, au point de vue de l'agriculture, de pouvoir comparer ces bienfaits à ceux que lui procure l'existence des voies navigables. Le chemin de fer, dont l'établissement amène souvent de graves difficultés pour l'abord de nos champs, ne dessert et ne vivifie que des points échelonnés à de grandes distances, et s'arrêtant au centre des populations nombreuses, il ne peut être emprunté que dans des circonstances exceptionnelles pour le transport de la dépouille de nos champs, de même qu'il ne peut que rarement être utilisé pour répartir sur nos cultures les engrais et les amendements.

En est-il de même des rivières navigables et des canaux? De combien ces dernières voies ne sont-elles pas supérieures aux premières? Partout où passe un canal, se trouve pour notre cultivateur une source de richesse : soit qu'on l'envisage au point de vue de l'assèchement ou de l'irrigation des terres, soit qu'on l'envisage comme voie de transport, il est un moyen efficace de donner de la fécondité aux terres marécageuses comme aussi aux plaines sèches et arides? Le canal sert à la fois à enlever l'excès d'eau et à distribuer à la terre celle qui lui est nécessaire; il offre à chaque riverain un port où une modeste barque lui permet d'effectuer, lui-même et économiquement, ses transports d'engrais et de récoltes, et de chercher, dans les champs voisins, de la marne, du sable, ou tout autre amendement que le bas prix seul et la facilité extrême du transport peuvent lui rendre utiles.

S'il est incontestable que l'existence des rivières et des canaux, et leur maintien dans un état constant de viabilité intéresse au plus haut degré l'agriculture, tout ce qui pourrait, dans un avenir même éloigné, compromettre leur existence est de nature à alarmer les chambres consultatives d'agriculture, organes légaux des intérêts ruraux.

La nécessité de faire profiter l'agriculture de toutes nos voies navigables a fait adopter, dans tous nos tarifs de péages, des chiffres exceptionnellement modérés pour le transport des engrais et des amendements. Le plus souvent c'est le droit des bateaux vides seulement qui est perçu; mais, depuis longtemps, les intérêts de l'agriculture réclament, pour ces matières en particulier, l'affranchissement de tout péage.

Trop souvent, pour entrer dans cette voie, le gouvernement trouvait des obstacles dans l'existence des concessions de longue durée, que la création des canaux ou seulement l'exécution de quelques travaux d'amélioration ou d'entretien ont fait consentir. Cela se présentait plus particulièrement pour les canaux créés en 1821 et 1822. En 1845, une loi a statué sur les droits de l'État concernant le rachat des actions de jouissance de ces canaux concédés par voie d'emprunt. Dans leur session dernière, les corps législatifs ont prononcé sur les indemnités à allouer.

Ainsi, le gouvernement a ressaisi, sur ce point, son indépendance entière, mais cette situation n'était pas plutôt créée que déjà l'esprit de spéculation s'emparait de cette question et la prenait comme un point de mire dans ses combinaisons envahissantes.

Dans un temps où les grandes compagnies financières, aux mains desquelles on a remis, pour un siècle tout entier, l'administration de nos chemins de fer, confondent leurs intérêts afin de marcher avec plus d'ensemble vers un même but; des intérêts qui pourraient ne pas être étrangers aux chemins de fer eux-mêmes, convoitent déjà l'administration générale de nos voies navigables, et le gouvernement est sous la pression de vives sollicitations de la part des compagnies financières qui demandent l'affermage des canaux.

Déjà les chambres de commerce ont jeté de toutes parts des cris d'alarme pour mettre en garde le pouvoir contre des propositions, si séduisantes qu'elles puissent être, qui auraient pour conséquence de lui lier de nouveau les bras et de l'empêcher d'aborder graduellement l'affranchissement de nos voies navigables de tout péage, comme cela a lieu pour les routes.

Les organes des intérêts commerciaux ont surtout fait ressortir le danger immense d'opérer la fusion entre les compagnies concessionnaires de chemins de fer et les concessionnaires des canaux, laquelle fusion, effaçant l'intérêt d'une lutte profitable au pays entre les deux voies de transport, amènerait insensiblement l'abandon de l'une d'elles, et consommerait la perte de la navigation.

Or, en envisageant la question au point de vue des intérêts agricoles, il suffit d'aborder les considérations qui précèdent, sur les bienfaits que procurent nos voies navigables à l'agriculture, pour rester convaincu que jamais les organes des intérêts agricoles n'ont eu de devoir plus impérieux que celui de protester contre une mesure pouvant avoir pour conséquence plus ou moins prochaine la ruine de nos admirables travaux de canalisation.

Les défenseurs de nos voies navigables, dans la pensée de simplifier l'action du gouvernement, tout en demandant la plus grande modération possible dans le chiffre des péages, ont proposé l'adoption d'un tarif uniforme. Ici, encore, la chambre consultative d'agriculture, s'identifiant d'intérêts avec la chambre de commerce, vient de faire ressortir combien le principe, juste en apparence, sur lequel une pareille tarification serait basée, consacrerait, quant aux voies navigables du Nord, une criante injustice. Ces dernières qui, aujourd'hui déjà, avec des tarifs très-modérés, procurent à l'État des bénéfices considérables, après le remboursement de tous frais de construction, payeraient le déficit que laissent des canaux improductifs et qui seront longtemps encore une charge lourde pour le trésor.

Si, par le fait, dans l'état actuel des choses, une compensation existe, compensation dont l'agriculture et le commerce du Nord font les frais, que du moins aucune mesure, sous prétexte d'égalité de traitement, ne vienne empirer cette situation, en compromettant, sans utilité pour d'autres contrées, un de nos plus féconds éléments de richesse.

Par les considérations qui précèdent, j'ai l'honneur de proposer à la chambre consultative d'agriculture d'émettre le vœu :

1° Que le pouvoir conserve l'administration des canaux et des rivières navigables, et qu'il repousse toute combinaison d'affermage; .

2° Qu'il porte toute sa sollicitude vers le développement et l'amélioration de ces voies de transport;

3° Que si l'affranchissement total des péages ne peut encore être consenti, en présence des besoins du trésor, du moins que cet affranchissement commence par le transport des engrais et des amendements;

4° Qu'aussi longtemps que des péages s'appliqueront aux transports sur nos rivières et canaux, les tarifs soient calculés de manière à ne présenter jamais que le remboursement des frais d'entretien; ce calcul s'appliquant à chaque voie navigable en particulier, avec fixation d'un maximum le plus modéré possible;

5° Que, dans tous les cas, le principe des compensations pour l'établissement d'un tarif uniforme soit énergiquement repoussé par le gouvernement comme attentatoire à l'équité et aux droits acquis, sans profit pour l'État.

KUHLMAN, rapporteur.

RAPPORT ET VŒUX ADOPTÉS

PAR LE CONSEIL GÉNÉRAL DU NORD.

Le grand nombre des voies de communication, le bas prix des moyens de transport, sont les caractères les plus distincts de la richesse d'une nation, comme ils sont ceux d'une civilisation avancée.

Ce que l'imprimerie a commencé, la vapeur appliquée à la navigation et aux chemins de fer l'a continué, et l'on peut dire sans craine que l'enseignement des faits par la vue et en quelque sorte par le toucher a des résultats plus grands, plus immédiatement appréciables que l'enseignement par les livres.

Il n'entre pas dans notre cadre de dire tous les avantages matériels et moraux que procurent à une nation des moyens de transport économiques et nombreux; nous n'examinerons cette immense question qu'au point de vue seulement des moyens de régler et de développer les rouages qui doivent amener de si heureux résultats pour l'humanité tout entière.

Les voies de communication intérieure se partagent entre les routes, les chemins de fer et les rivières et canaux. Voyons la part de la protection gouvernementale faite, à ce point de vue, à chacune de ces voies :

Le territoire de la France est sillonné aujourd'hui par un

réseau de routes qui se complète de jour en jour ; le bienfait d'une bonne viabilité s'étendra bientôt jusqu'au dernier hameau. Les sacrifices de l'État sur ce point résultent d'économies réalisées avec persévérance pendant des siècles entiers, c'est le legs des temps passés, qui s'augmente par les sacrifices de tous les jours. Nous devons à la juste appréciation des vrais intérêts de la France d'avoir la circulation de nos routes gratuites ; il n'est pas une dépense de l'État mieux conçue.

Pendant que ces grands progrès s'accomplissaient sur nos voies de terre, le développement de l'agriculture et de l'industrie indiquait tout ce qu'il y a d'éléments de progrès et de richesses dans l'amélioration du lit de nos rivières ; bientôt les savantes conceptions de nos ingénieurs dotèrent la France d'un magnifique ensemble de voies navigables. Dans ce développement nouveau, l'impatience des populations amena, quant à l'exécution des travaux, un système mixte : l'État délégua, pour une partie des travaux à exécuter, une portion de ses attributions à des compagnies financières qui avancèrent les capitaux nécessaires, et reçurent en échange la faculté de percevoir des droits sur les marchandises circulant sur les canaux concédés ; l'État lui-même, engagé dans d'immenses sacrifices, eut recours aussi, contrairement à ce qui avait été fait pour les routes, à une perception de péages sur les rivières et canaux non concédés, et cela soit à titre de remboursement des dépenses faites, soit seulement pour pourvoir aux frais d'entretien.

Telle était la situation de la question des transports, lorsque cette immense question se présenta sous un jour nouveau. La vapeur avait franchi les rives de la mer et le lit de nos fleuves, où elle suppléait déjà à la voile capricieuse ; elle vint se jouer des obstacles que présente à la locomotion la surface de la terre. Timide d'abord, elle glissa sur la plaine; guidée par le génie des hommes, elle traversa bientôt les flancs des montagnes, entraînant après elle toute une population émigrant d'un point sur un autre avec la rapidité d'une flèche. Qui n'a été frappé d'admiration et de respect pour les conceptions de l'esprit humain, en voyant passer sur une de nos voies ferrées cette réunion de voyageurs recrutés dans toutes les conditions de la société et qui suffiraient à peupler une ville tout entière? A l'arrivée, au débarcadère, c'est une vivante fourmilière mue par les préoccupations diverses dont se compose la vie des hommes, pour assurer leurs moyens d'existence. Quelquefois, revêtus d'habits de fête, c'est une population jusqu'alors destinée à naître et à mourir dans quelque vallée isolée sans jamais rien apercevoir en dehors de ses bruyères, et qui vient, par un de ces changements subits que l'on n'avait encore pu que simuler imparfaitement dans nos panoramas, respirer l'air vif de nos plages maritimes et saluer ces géants de la mer qui abritent dans leurs flancs goudronnés nos intrépides marins.

Le public s'y habitue vite à ces changements, il profite des avantages qui lui sont acquis avec une certaine indifférence; mais le philosophe, dans un examen rétrospectif, élève ses mains vers la Providence et la remercie de tant de bienfaits, il la bénit d'avoir fixé son passage dans ce monde à une époque de si merveilleuses, de si glorieuses transformations.

L'administration publique, appelée à régler tous ces mouvements immenses, à préparer tous les intérêts aux perturbations qui, forcément, en sont la conséquence, a, dans ces moments, des devoirs difficiles à remplir.

De même que, lorsqu'il s'est agi de développer la construction de nos canaux, le gouvernement a trouvé trop lourde la tâche de livrer à l'impatience des populations les chemins de fer qui étaient devenus une nécessité de l'époque. A regret, à tort selon nous, il s'adressa exclusivement aux compagnies, et en échange des immenses travaux à exécuter, il consentit en leur faveur des tarifs, statuant d'avance sur le chiffre des indemnités acquises aux intéressés, en échange des transports soit des personnes, soit des marchandises.

Dans cette circonstance, la concession des voies nouvelles présenta plus de gravité que jamais, et souleva, de la part des chambres de commerce, les réclamations les plus vives.

En effet, il ne s'agissait pas seulement, comme pour les canaux, de traiter de l'indemnité due pour des travaux exécutés, mais de fixer pour une durée sinon indéfinie, du moins très-considérable, non-seulement les chiffres de l'indemnisation des frais de construction et d'entretien des voies nouvelles, mais aussi, ce qui présentait dans la question une innovation des plus essentielles, les frais de traction qui se renouvellent tous les jours et qui sont bien autrement considérables.

Comment, disait-on avec raison au gouvernement, vous allez traiter avec des compagnies financières pour une durée de trois ou quatre fois la vie moyenne d'un homme, à l'occasion de dépenses essentiellement variables et que le perfectionnement des procédés de l'industrie tend tous les jours à amoindrir; c'est imprudemment enchaîner l'avenir, c'est livrer le commerce pieds et poings liés à l'arbitraire des compagnies financières, c'est subordonner l'existence de la circulation sur nos voies navigables au caprice des compagnies de chemins de fer.

Malgré ces avertissements et ces sinistres prédictions, les faits s'accomplirent dans le sens des concessions; en ce qui concerne le nord de la France, on porta l'imprudence au point de mettre

plusieurs lignes importantes aux mains des mêmes concessionnaires, constituant ainsi une puissance qui, comme on devait
s'y attendre, absorba bientôt les concessions rivales, et qui,
maîtresse du terrain, est devenue la directrice absolue des
destinées de la France, au point de vue du développement futur
de nos voies ferrées dans tout le Nord, depuis Paris jusqu'à
Dunkerque. Faut-il s'étonner après cela que récemment, en
présence du besoin d'exécuter quelques lacunes de chemins, il
ait fallu tripler la durée moyenne des concessions anciennes en
étendant les droits des concessionnaires à un siècle entier?

Ainsi se sont réalisés trop promptement, au point de vue de
nos canaux, nos tristes prédictions, et loin de blâmer la compagnie concessionnaire générale de nos chemins de fer, nous
devons dire que si ces résultats se sont produits coup sur coup,
c'est, qu'infaillibles qu'ils étaient dans l'avenir, ils ont été
hâtés par l'intelligente direction des vues et des opérations de
la compagnie. Et en effet, nous appartient-il de critiquer des
modérations de prix consenties par la compagnie pour le transport des marchandises, nos intérêts de consommateur ont-ils
souffert de ce que la houille, au lieu d'être transportée pour
10 centimes, comme le fixe le tarif annexé au cahier des charges qui n'a pas encore huit ans de durée, se transporte pour
3 centimes par tonne et par kilomètre, alors surtout que l'expérience a démontré qu'à ce prix, il reste encore un bénéfice aux
compagnies? Cela ne prouve qu'une chose, c'est que l'État a
fait un mauvais marché et que la compagnie place le développement de ses bénéfices avec une rare intelligence et sans doute
aussi quelque peu par un désir impatient d'accaparement, dans
les développements de la circulation résultant du bas prix.

Si nos bisaïeux avaient concédé le droit exclusif de transporter hommes et marchandises, pendant un siècle et à un prix déterminé, de Paris à Dunkerque, à Valenciennes et à Boulogne, le prix consenti eût été le décuple de celui que nous payons aujourd'hui, et la compagnie concessionnaire eût eu un intérêt puissant à réduire progressivement ses tarifs au fur et à mesure de l'augmentation de la circulation. Si son intérêt ne l'y avait pas conduit spontanément, les révolutions politiques eussent renversé ses prétentions. Qu'on se rappelle ce que l'exagération des droits de barrière amena de perturbations en Irlande et l'on sera convaincu de la vérité de cette proposition.

Ainsi la conséquence presque forcée de l'exploitation des chemins de fer par les compagnies fait naître dès aujourd'hui une difficulté énorme, relativement aux conditions d'existence de nos transports par eau.

On peut opposer tout d'abord à l'intérêt que nous portons à la navigation, que si la voie ferrée est à tel point économique que les canaux ne puissent lutter avec avantage, il ne faut accuser de la situation que les progrès de l'esprit humain, qui amènent souvent de ces transformations, de ces bouleversements mêmes, résultats momentanés, regrettables, mais commandés par les intérêts publics bien entendus.

Mais telle n'est pas la situation en ce qui concerne les rivières navigables et les canaux; et d'ailleurs ce résultat existerait-il qu'il faudrait encore consentir tous les sacrifices nécessaires pour entretenir nos voies navigables et leur assurer un aliment suffisant, car leur existence est la meilleure garantie contre le relèvement des tarifs des chemins de fer, jusqu'à la limite fixée par les cahiers des charges, et en dehors de toute lutte, elles sont devenues des auxiliaires indispensables à l'agriculture et à l'industrie manufacturière.

Si le commerce a intérêt à conserver par la batellerie le maintien des conditions d'une efficace concurrence entre les canaux et les chemins de fer, l'agriculture a un intérêt non moins grand au maintien de la navigation, dont elle profite pour le transport économique de ses produits encombrants. Sans navigation, le lit de nos rivières et de nos canaux serait bientôt envasé, faute d'entretien, et les conditions de l'écoulement des eaux surabondantes, comme le maintien des niveaux nécessaires pour les irrigations, seraient bientôt bouleversés.

D'ailleurs, qu'on ne perde pas un instant de vue que la batellerie n'est pas de ces instruments qu'on abandonne et qu'on reprend à volonté; son existence repose sur l'entretien d'un matériel coûteux, qui existe et qui, frappé d'une grande dépréciation, ne renaîtrait pas au moment du besoin.

Il en serait de même de cette population de mariniers, vivant de privations, et si instinctivement attachée à sa pénible profession.

Les rivières et les canaux sont les artères du sol qu'ils vivifient; un arrêt si court qu'il puisse être apporté à leur libre circulation frappe de mort, et le mal produit devient irréparable.

Que le gouvernement y prenne garde, il s'agit de sauver de la ruine notre navigation intérieure, dont la création a fait immobiliser un capital de plus de 600 millions de francs! Il y a là une immense responsabilité.

Qu'on ne perde pas de vue que les lignes navigables du Nord présentent l'élément le plus vital de notre navigation. Si l'on prend les lignes principales de Dunkerque, Mons et Charleroi à Paris, et de Mons à Lille, on aura à constater.

que sur un développement de 74 myriamètres, le nombre
de tonneaux transportés à 1 myriamètre de distance s'élève à
38,301,910, ce qui donne pour la circulation moyenne 517,000
tonnes.

La circulation des autres canaux en France, sur un développement énorme de 317 myriamètres, n'est que de 29,035,944,
soit pour la circulation moyenne 91,000 tonnes.

Ainsi la circulation du Nord est 4 1/2 fois aussi active que
celle des autres canaux. La masse totale des marchandises
transportées à 1 myriamètre, ou le travail utile des voies navigables du Nord, dépasse de plus d'un tiers celui de tous les
canaux de France, et forme près des 3/4 de la totalité des transports effectués sur l'ensemble de ces lignes.

De tels intérêts ont une assez haute importance pour donner
à la question qui s'agite toute la grandeur d'un intérêt
national.

Par ces considérations générales nous avons voulu faire
toucher du doigt la nécessité, dans les circonstances actuelles,
de venir en aide à notre batellerie, en présence d'un abaissement considérable, consenti récemment par la compagnie du
chemin de fer du Nord, pour le transport de la houille,
transport dont jusqu'à ce jour nos canaux avaient presque
exclusivement le privilége. Il importe à cet égard de bien
dessiner les positions respectives, ce qui nécessitera de poser
quelques chiffres.

Pour bien se rendre compte de la situation précaire de la
batellerie, il nous suffira de signaler les charges et frais de
navigation pour un bateau de houille, de Mons à Paris, en
présence du nouveau tarif consenti par la compagnie du chemin
de fer.

Par un décret du 4 septembre 1849, les droits de navigation de Mons à Paris ont été réduits par tonne à. . . . 4 fr. 03 c.

Les frais de halage, pilotage, etc., s'élèvent à 540 fr. au moins par bateau de 200 tonnes soit par tonne. 3   25

Les dépenses générales pour intérêts, réparations et renouvellement du matériel et gages de bateliers, évalués à raison de 1,700 fr. par an, se répartissent aujourd'hui sur trois voyages, soit par an sur 600 tonnes, et par tonne. 2   83

Total. . . . . 10 fr. 11 c.

Le fret se traite à raison de 0 fr. 68 c. l'hectolitre, soit par tonne 8   15

Ce qui constitue le batelier en perte de. . . . . 1 fr. 96 c.

Les conditions nouvelles faites par le chemin de fer fixent le prix du transport des houilles à 9 fr. 50 c. la tonne, et comme l'expérience a démontré que la batellerie doit forcément tenir ses prix à 2 fr. 50 c. au-dessous des prix de transport par chemin de fer, en raison de la lenteur de ses mouvements comparés à ceux du chemin de fer et de l'incertitude de ses arrivages, il faudrait que la batellerie dans les conditions actuelles pût se contenter de 7 fr. par tonne, alors que nous avons évalué ses frais à 10 fr. 11 c.

Il est de la plus grande importance d'apporter un prompt remède à cette situation ; un examen approfondi de la question nous conduit à demander le rétablissement de l'équilibre par une nouvelle réduction de péage, qui serait fixé à 2 centimes par tonne et par myriamètre, sur toutes les lignes où la circulation excède 500,000 tonnes.

En ce qui concerne les rivières et les canaux appartenant à l'État, voici les économies réalisables sur la ligne de Mons à Paris.

Les droits perçus sur l'Escaut et le canal de Mons à Condé sont de. . . . . 0 fr. 25 c. et peuvent être réduits à. . . . . 0 fr. 10 c.

Sur le canal de Saint-Quentin ils sont de. . . . . 0 90 et se réduiraient à 0 18

Ensemble :	1 fr. 15	0 fr. 28 c.

Le retour à vide se paye aujourd'hui à raison de 1 c. par tonne de jaujeage ; en appliquant ce centime au poids du bateau seulement, on arrive à réduire le péage à 1/10ᵉ du chiffre actuel, ce qui donne pour le retour à vide sur 14 myria-mètres. 0 140   0 014

Ensemble :	1 290	0 294
Décime de guerre	0 129	0 029
Réduction de. .	1 fr. 419	à 0 fr. 323

Différence au profit de la navigation, 1 fr. 095 c.

L'État, consentant ainsi une nouvelle réduction de ses tarifs, serait, sinon fondé en droit, du moins en position convenable pour réclamer des compagnies concessionnaires une diminution volontaire de leurs péages, et nous pensons qu'il serait possible d'obtenir une réduction totale de 2 fr. 03 c., ce qui ramènerait l'ensemble des péages à 2 fr. et le prix normal du transport à 8 fr.

Votre quatrième bureau a été d'autant plus résolu à prier le conseil général d'insister auprès du gouvernement pour obtenir satisfaction sur ce point, que pour les canaux du Nord on ne saurait alléguer qu'il y a des amortissements à desservir, et que, le péage réduit, les frais d'entretien seront plus que couverts, ces frais étant minimes. D'ailleurs les circonstances peuvent même commander un jour de ne plus laisser à la charge de la navigation les frais d'entretien, et d'assurer à notre industrie des voies affranchies de toutes taxes, comme cela existe pour le roulage.

Les réductions que nous demandons dans les péages sont urgentes et indispensables pour faire échapper notre batellerie du Nord aux conséquences de la lutte engagée par les chemins de fer. C'est le seul moyen qui puisse lui permettre de perfectionner ses moyens de transport par la substitution d'un matériel plus léger donnant lieu à une augmentation de charge utile et d'atteindre l'époque où un accroissement progressif du tirant d'eau, et l'organisation d'un service de halage accéléré, lui permettra de réaliser les économies que l'avenir peut lui permettre.

Votre quatrième bureau se résume en proposant au Conseil général d'adopter dans les termes suivants le vœu, dont la proposition procède de l'initiative de l'un de ces membres, avec les développements dont un examen approfondi de la question a démontré l'utilité :

1° Que le gouvernement abaisse successivement les péages sur les lignes navigables du Nord, de manière à conserver à la batellerie en tous temps des conditions d'existence. En ce qui concerne les lignes concédées, qu'il s'entende avec les compagnies concessionnaires pour obtenir des réductions proportionnelles dans leurs tarifs ;

2° Que, dès aujourd'hui, le péage sur nos voies navigables non concédées du Nord soit fixé à 0 fr. 02 c. par tonne et par myriamètre, et que des crédits suffisants assurent sur ces voies la réalisation la plus prompte possible des améliorations dont le lit des rivières et les chemins de halage sont susceptibles ;

3° Que le gouvernement intervienne énergiquement pour lever les obstacles qui s'opposent sur quelques points à l'organisation d'un service accéléré par chevaux et qu'il encourage la formation de relais réguliers et convenablement échelonnés.

Le Conseil général, après avoir entendu la lecture de ce rapport, en a adopté les conclusions.

PÉTITION ADRESSÉE

PAR LA CHAMBRE DU COMMERCE DE STRASBOURG

A M. LE MINISTRE DE L'INTÉRIEUR, DE L'AGRICULTURE ET DU COMMERCE

POUR DEMANDER LE MAINTIEN, SUR LE CANAL DU RHÔNE AU RHIN, ENTRE STRASBOURG, MULHOUSE ET HUNINGUE, DES MODIFICATIONS APPORTÉES AUX DROITS DE NAVIGATION PAR LE DÉCRET DU 24 MAI 1850.

Monsieur le Ministre,

Un décret du 23 mai 1850 a réduit pour trois années les droits de navigation établis sur le canal du Rhône au Rhin, et les a fixés sur la partie comprise entre Strasbourg, Mulhouse et Huningue au tarif ci-après par myriamètre et par tonne de mille kilogrammes.

Marchandises de première classe 10 cent.

Marchandises de deuxième classe 05 cent.

L'expiration du délai de trois ans n'est pas éloignée. Nous venons en conséquence, M. le Ministre, solliciter une prolongation, soit pour une nouvelle période de trois ans, soit pour une durée indéfinie.

La chambre de commerce espère que l'administration supérieure sera d'autant plus disposée à consacrer le maintien du *statu quo*, qu'elle sait, d'une part, combien les tarifs antérieurs, celui notamment du 17 avril 1843, avaient, par l'élévation des droits, créé une situation fâcheuse à toutes les branches de production, et, d'une autre part, combien les réductions de 1850 ont eu un salutaire effet sur le mouvement du canal, puisque les expéditions, qui n'étaient en 1849 que de 93,033 tonnes, ont dépassé le double en 1852 (208,066 tonnes)[1].

Une dernière considération vient à l'appui de la demande que nous avons l'honneur de vous adresser. Les lignes navigables parallèles aux railways, comme le canal de Strasbourg à Huningue, ne peuvent en général soutenir la concurrence que leur font les compagnies de chemins de fer, que si elles sont protégées par des droits modérés : par exemple : 1 cent. par kilomètre et par tonne de marchandises et 1/2 cent. pour le combustible, les matériaux, les engrais et les matières premières de peu de valeur.

La position dont nous parlons est précisément celle du Rhône au Rhin, dans la situation comprise entre Strasbourg, Mulhouse et Huningue. Aussi la recommandons-nous instamment à la protection du département du commerce et de l'agriculture.

[1] Cet accroissement a été successivement de :

149,421 tonnes en 1850.
170,573 » 1851.
Enfin 208,066 » 1852.

On voit de quelle influence sont les bas tarifs au point de vue des intérêts publics. En supposant que le fisc perde des revenus directs, combien cette perte n'est-elle pas compensée par les produits indirects qui s'accroissent dans la proportion de l'accroissement de la production ! Combien le pays n'y gagne-t-il pas !

La Chambre de commerce de Strasbourg a, en outre, adressé à M. le Ministre une pétition que nous reproduisons également, et qui prouve quelles vives inquiétudes ont excité les nouveaux bruits qui ont encore couru relativement à l'affermage :

Monsieur le Ministre,

La loi du 29 mai 1845, qui a décidé que les actions de jouissance des canaux concédés par voie d'emprunt en 1821 et 1822, pourront être rachetées par l'Etat, pour cause d'utilité publique, a reçu son exécution.

Ce résultat est regardé comme infiniment heureux, parce qu'il met fin à une situation qui a longtemps froissé des intérêts nombreux et provoqué des plaintes générales de la part de l'agriculture, de l'industrie et du commerce, lesquels profitant au même degré des avantages des voies navigables, demandent pour leurs transports des tarifs modérés, des tarifs réduits.

Par suite de cette mesure, l'État rentre dans la libre disposition de ces canaux; il a l'avantage de les administrer seul et sans partage, et d'éviter les conflits qui se sont produits chaque fois qu'il s'agissait d'obtenir des réductions toujours précaires, insuffisantes ou partielles.

Mais, monsieur le Ministre, nous avons dès à présent besoin de vous demander, au nom des grands intérêts dont nous sommes les organes, si l'État entend bien conserver la libre administration des canaux, les entretenir, et en percevoir le péage.

Des doutes s'élèvent à ce sujet, on craint que le gouvernement n'ait recours à l'affermage des canaux à une ou plusieurs compagnies, moyennant un tarif capable de couvrir le montant de la redevance, les travaux de perfectionnement, les frais d'entretien et d'exploitation.

Qu'il nous soit permis, monsieur le Ministre, de vous présenter quelques observations sur cette grave question.

Les partisans de l'affermage prétendent établir les avantages de ce système, en s'appuyant des motifs suivants :

Le mauvais état des canaux, la nécessité de les améliorer, sans aggraver les charges du trésor.

A notre avis, qui se fonde sur des documents certains, il ne faudrait pas une somme très-considérable pour augmenter et rendre uniforme le tirant d'eau des canaux de Bourgogne et du Rhône au Rhin, ni pour améliorer les réservoirs alimentant le canal de Bourgogne, afin d'éviter les longs chômages. Les seuls travaux importants et coûteux à faire sont dans les rivières de la Saône et de l'Yonne ; mais on a vu que dans les propositions d'affermage, les compagnies ont toujours eu soin de laisser ces travaux à la charge de l'État.

On donne encore comme un argument en faveur du système d'affermage la nécessité de soustraire le gouvernement aux demandes incessantes des réductions de péage qui lui sont adressées. Nous n'ignorons pas qu'il existe des demandes d'affranchissement complet des voies navigables ; mais elles ne présentent pas de danger sérieux. Les réclamations qui nous paraissent mieux fondées, et par conséquent plus dignes d'attention, sont celles formées par les chambres de commerce, et qui ont pour objet le maintien des droits aux taux fixés par le décret du 23 mai 1850, actuellement en vigueur sur la partie comprise entre Mulhouse et Strasbourg, savoir :

0,10 cent. par myriamètre et par tonne de marchandises.

0,05 cent.   »   »   pour les matériaux, les engrais, les combustibles, etc.

Ces conditions sont celles que les voies navigables peuvent supporter, et à l'abri desquelles elles ont chance de voir augmenter la circulation, et la possibilité de soutenir la concurrence des chemins de fer. En adoptant cette limite modérée, et en y persévérant, l'État montre justement qu'il a l'intelligence des véritables besoins, qu'il apprécie avec le même soin les intérêts des consommateurs et des producteurs, étroitement liés aux questions de la circulation publique. Une telle sollicitude ne doit faire ombrage à personne.

Quant à la considération qu'on fait valoir aussi de la nécessité où se trouve le gouvernement de s'assurer d'un bon prix de fermage, afin d'équilibrer les recettes et les dépenses du budget, il y aurait à examiner si, dans le système qui est tant préconisé, les avantages seraient bien, en fin de compte, du côté de l'État ; car le fisc profite par mille voies indirectes de la prospérité, du développement, de l'industrie.

Il y aurait à voir si une augmentation quelconque dans les revenus des canaux compenserait le désavantage qui résulterait et d'une augmentation dans les frais de production, et de la souffrance de telles ou telles industries, par l'effet d'un renchérissement des prix de transport.

Jusqu'à présent nous n'avons point encore touché la question si délicate du monopole des compagnies fermières, que le commerce et l'industrie redoutent, parce qu'ils ont déjà fait l'expérience du monopole des chemins de fer. Eh bien! si l'opinion publique est si vivement alarmée de l'affermage des canaux à une ou plusieurs compagnies financières, c'est qu'elle pense qu'elles s'entendront avec les chemins de fer, non point immédiatement, puisqu'elles n'ont point encore monté leur service de navigation, mais lorsque les entreprises de la batellerie auront disparu.

Alors les compagnies de canaux et les compagnies de chemins de fer pourront se coaliser et se partager les bénéfices résultant de l'envahissement absolu des transports par eau et par terre. Ce sont les conséquences funestes d'une telle domination exercée sur toutes les branches de la production nationale que, fidèles échos du sentiment général, nous cherchons à éloigner autant qu'il est en notre pouvoir.

Dans l'état actuel des choses, monsieur le Ministre, nous voudrions que le gouvernement fît tout au moins l'essai de l'exploitation directe des péages, qu'il achevât complétement les canaux, les reliât entre eux, et qu'enfin il fixât des tarifs maximum aussi bas que possible.

Cet essai donnerait le temps de mieux étudier une question aussi importante, comme aussi de profiter des renseignements que nous fournit le mode d'exploitation des chemins de fer, au fur et à mesure qu'ils étendent leur parcours, et qu'ils se mettent en contact avec des contrées, des populations nouvelles.

La Chambre de commerce vous conjure, monsieur le Ministre, de prendre en mains, de concert avec messieurs vos collègues des finances et des travaux publics, la défense des intérêts engagés dans la question des canaux.

Plus ces intérêts ont de la gravité en raison des résultats désastreux qu'amènerait une concession quelconque aux compagnies, et plus il importe de préparer avec lenteur et maturité la décision qui doit tôt ou tard intervenir.

J. SENGENWALD, président de la Chambre
de commerce.

RAPPORT ET VŒU ÉMIS

PAR LE CONSEIL GÉNÉRAL DU BAS-RHIN.

Messieurs, dans vos sessions de 1850 et de 1851, vous avez demandé avec instance le rachat des actions de jouissance du canal du Rhône au Rhin, afin d'écarter les difficultés interminables qui se sont élevées entre le gouvernement et la compagnie concessionnaire, au sujet de l'abaissement des droits de navigation, dont le besoin se faisait vivement sentir depuis longtemps.

Cette importante question a été heureusement résolue par le décret du 21 janvier dernier, qui a ordonné le rachat des actions de jouissance.

Cette grande mesure permettra au gouvernement de donner satisfaction à de nombreux intérêts, par l'abaissement des droits de navigation et même par leur suppression totale, si l'intérêt de notre commerce d'exportation et la vente à l'étranger des productions du pays pouvaient l'exiger, pour donner la prépondérance à la France sur les marchés de dehors. La nécessité de la suppression totale des droits de navigation a déjà trouvé son application à l'égard du transit des marchandises entre Strasbourg et Bâle; car, pour combattre la concurrence du chemin de fer de la rive droite du Rhin, le transit des marchandises entre Strasbourg et Bâle a lieu, depuis plusieurs années, en franchise de tout droit de navigation.

Les canaux sont construits pour rendre les transports économiques; c'est donc d'aller contre le but que de les imposer de droits de navigation excessifs, comme ceux actuels du canal du Rhône au Rhin.

Il importe que les droits de navigation de ce canal soient fixés à un taux modique, afin de favoriser le commerce français en Suisse et en Allemagne où il rencontre la concurrence étrangère qui s'appuie sur la navigation du Rhin et sur les chemins de fer d'Allemagne.

Ces frais ne sauraient dépasser la moitié des frais de traction pour les marchandises et le quart de ces frais pour le combustible, les matériaux de construction, les engrais et les matières premières de peu de valeur, sans nuire à la circulation et au commerce français à l'étranger.

Les frais de traction étant de 2 centimes par kilomètre et par tonne, le droit de navigation pour les marchandises serait d'un centime, et pour le combustible, les matériaux de construction, les engrais et les matières premières de peu de valeur, d'un demi-centime.

Les droits ainsi réduits, il n'y aurait aucun motif de conserver le classement actuel des marchandises en plusieurs catégories soumises à des droits différents; ce serait d'ailleurs une grande facilité pour l'acquittement des droits et la vérification des chargements, puisqu'il suffirait de jauger les bateaux, dont le chargement se compose d'ordinaire exclusivement de marchandises ou de combustibles, de matériaux, d'engrais et de matières premières de peu de valeur.

Votre deuxième bureau a en conséquence l'honneur de vous proposer :

1° D'offrir à Sa Majesté l'Empereur l'expression de votre vive reconnaissance pour le rachat des actions de jouissance du canal du Rhône au Rhin ;

2° D'exprimer le vœu que les droits de navigation sur le canal du Rhône au Rhin, par kilomètre et par tonne, soient réduits à 1 centime pour toutes les marchandises sans distinction, et à 1 demi-centime pour le combustible, les matériaux de construction, les engrais et les matières premières de peu de valeur ;

3° De maintenir la franchise de tout droit de navigation pour le transport des marchandises en transit de Strasbourg à Bâle.

Ces vœux sont adoptés par le Conseil général.

Les principaux négociants, manufacturiers, commissionnaires du département du Haut-Rhin, en protestant contre l'affermage, réclament l'application de tarifs réduits qui puissent permettre à la batellerie de l'Alsace de soutenir la concurrence non-seulement de la compagnie du chemin de fer de Bâle à Strasbourg, mais de celles des chemins de Strasbourg à Bâle et de Paris à Lyon; toutes les trois liguées pour détruire la concurrence du roulage et de la navigation.

Les signatures qui se trouvent au bas de la pétition suivante donnent à cette pièce une importance qui doit appeler toute l'attention du gouvernement.

Monsieur le Ministre,

Nous avons l'honneur d'appeler votre bienveillante attention sur la question des canaux, qui agite à juste titre les esprits en ce moment, et nous venons vous exposer avec confiance les motifs qui nous paraissent militer en faveur d'une réduction aussi large que possible des droits qui pèsent sur eux et de l'abandon sans retour du système de leur affermage.

Cette double question touche trop intimement aux intérêts du commerce, de l'industrie et de l'agriculture en général, ainsi qu'à l'avenir de la batellerie de France, pour que nous doutions un instant que notre demande n'éveille votre sollicitude.

Grâce à l'heureuse impulsion du gouvernement qui nous

régit, la France, dans un avenir peu éloigné, sera sillonnée de lignes de fer. C'est là un bienfait que nul ne peut méconnaître; mais le gouvernement ne peut rester non plus indifférent à l'amélioration des canaux appelés à former le complément du réseau national.

Pour obtenir ce résultat désirable, il faudrait, monsieur le Ministre, que ces voies de transport pussent marcher parallè-lement, au moyen d'une large réduction dans les droits qui frappent la navigation.

Il est évident aux yeux de tout le monde que des canaux tels que ceux de Bourgogne et du Rhône au Rhin, par exemple, où l'on paye 40 et 50 cent. de droits par tonne et par myriamètre ne peuvent fonctionner en présence d'un chemin de fer qui transporte les mêmes marchandises aux prix de 35 et 50 cent. par myriamètre, tout en conservant l'avantage d'une plus courte distance à parcourir, tel que le chemin de fer de Paris à Lyon, et indépendamment d'une supériorité considérable dans la vitesse.

Si le gouvernement assimilait les droits sur tous les canaux dont il vient d'opérer le rachat des Compagnies qui en étaient en jouissance, à la réduction décrétée le 23 mai 1850, sur le parcours du canal du Rhône au Rhin entre Strasbourg et Mul-house, il en ressortirait des avantages immédiats et considéra-bles pour le commerce français en Suisse et Allemagne, où il a à lutter contre la concurrence étrangère, non-seulement par les chemins de fer, mais surtout par la navigation du Rhin, dont les droits à la remonte ont été supprimés par les États riverains.

Notre navigation intérieure pourrait reconquérir l'immense tonnage en garance, vins et spiritueux, produits de notre sol destinés à l'Allemagne, que le cabotage hollandais a enlevé à nos ports de Marseille et de Cette au moyen d'économies obtenues, et surtout au moyen de la suppression des droits à la remonte sur le Rhin.

Dans l'état actuel des choses, les droits perçus sur les canaux emportent 4/5es du prix total du transport des marchandises de première classe, tandis que les frais de traction n'y entrent que pour 1/5e. Vous serez, comme nous, monsieur le Ministre, frappé de cette étrange anomalie, contre laquelle la batellerie s'épuiserait en vains efforts. Il serait cependant essentiel de conserver cette concurrence, qui fait équilibre aux lignes de fer et dont l'anéantissement fournirait aux Compagnies l'occasion d'exercer un monopole préjudiciable aux intérêts publics.

Un fait qui vient de se produire sur la partie du canal du Rhône au Rhin où le tarif des droits a été réduit à 10 cent. par tonne et par myriamètre pour les marchandises de première classe, et à 05 cent. pour celles de deuxième classe, est une preuve irrécusable des quantités de marchandises qu'amènerait aux canaux la réduction générale des droits que nous sollicitons. Il résulte, en effet, de documents authentiques que, sur la section du canal précité, l'importance des transports a plus que triplé depuis l'heureuse réduction décrétée, c'est-à-dire dans l'espace de moins de trois ans.

D'un autre côté, les marchandises d'outre-mer en destination de la Suisse ou de l'Allemagne tendent progressivement à emprunter les ports d'Anvers, de Rotterdam, le Rhin ou Trieste. Ces marchandises seraient bientôt revenues à leur ancienne route du Havre et de Marseille, si la mesure de réduction sur les droits de notre navigation intérieure était adoptée.

Il nous reste une dernière considération à vous présenter, relativement à l'affermage.

Les hommes les plus compétents dans la matière sont unanimes à proclamer que l'adoption de ce système placerait entre les mains des Compagnies et peut-être même des chemins de fer, un instrument de monopole qui aurait, entre autres conséquences, celle de la ruine de la batellerie. Tout le monde a encore trop présentes à l'esprit les entraves apportées par les traités de 1821 et 1822, pour ne pas craindre de retomber dans des errements plus désastreux encore.

Nous avons indiqué, monsieur le Ministre, les points principaux qui nous ont paru propres à éclaircir la question ; nous en laissons avec confiance l'appréciation à la sagesse du gouvernement, persuadés qu'en cette circonstance, comme dans toutes celles qui ont pour mobile l'intérêt général, il ne faillira point aux heureuses inspirations dont il a donné tant de témoignages.

Nous avons l'honneur, etc.

Mulhouse, le 14 avril 1853.

KŒCHLIN DOLFUS frères et comp. ; — Math. MIEG et fils ; — Frères KŒCHIN ; — Thierry MIEG ; — ZUBER et RIEDER ; — PARAF et comp., manufacturiers à Mulhouse ; — A. HERZOG, manufacturier à Colmar ; — Witz GREUTER et comp., manufacturiers à Cernay ; — SCAWARTZ-TRAPP et comp. ; — D. LINCK, manufacturier à Mulhouse ; — J.-J. BARTH, manufacturier à Colmar ; — J. ZUBER et comp., manufacturiers à Mulhouse ; — A. KŒCHLIN et comp. ; — HUGUENIN-CORNETZ, J. SCHMERBER, constructeurs et fondeurs à Mulhouse ; — STEHELIN et comp., constructeurs et fondeurs à Thann ; — E. DUBIED, constructeur et fondeur à Mulhouse ; — Ch. KESTNER, fabricant de produits chimiques à Thann. ; — Frères OSWALD, entrepreneurs de transports ; — Ed. VAUCHER et comp., commissionnaires en marchandises ; — MULER-ABT, — HEIDET, négociants ; — Ferd. KŒCHLIN et comp., commissionnaires en marchandises ; — MUNTZ-SCHLUMBERGER et comp., — ENTZ et BOURCART, — EHRSAN père et fils, — F. GATTY et NOCHER, commissionnaires de roulage ;

HILDEBRAND, entrepreneur de messageries ; — V. MANSBENDEL-MIEG, négociants ; — SIEGFRIED et J. RŒDERER ; — THORENS et HARTMANN ; — FAVRE BLECH et Ch. HOFER ; — X. LEBLEU ; — KŒCHLIN-DESTRÉ , — Eug. LECOMTE, commissionnaires en marchandises ; — VETTER et GROSS, commissionnaires de roulage ; — Et. MIQUEZ, négociant ; — A. ZISLIN, — H. BAISSADES, transports par eau ; — Eug. WEHEKINDT, — G. SCHLUMBERGER, — LŒDE-RICH et GŒTZ, négociants ; — DOLFUS-MIEG et comp., manufactur.; Aug. STROHL, négociant; — STEINBACH-KŒCHLIN et comp., manuf.; — J.-G. GROS, négociant ; — Ch. SCHLUMTFRGER, banquier et commissionnaire en marchandises ; — CACHEUX, — J.-P. PIERCY, négociants ; — PARAF-JAVAL frères et comp., manufacturiers ; — HUGUENIN-DUCOMMUN et DUBIED, constructeurs de machines ; — HUMBERT-PRINCE et SCHOEN, négociants ; — D. BAUMGARTNER et comp., manufact.; — J. ABT, — S. LEVY, négociants, tous ces derniers de Mulhouse.

www.ingramcontent.com/pod-product-compliance
Lightning Source LLC
LaVergne TN
LVHW021822170726
843503LV00007B/3319